¿DÓNDE ESTÁ . . .?
DEL MUNDO

CONTINENTES DE LA TIERRA

EUROPA

ASIA

AMÉRICA
DEL
NORTE

OCÉANO
ATLÁNTICO

OCÉANO
PACÍFICO

ÁFRICA

AMÉRICA
DEL
SUR

OCÉANO ÍNDICO

AUSTRALIA

OCÉANO
ANTÁRTICO

Por Todd Bluthenthal / **Traducido por Esther Sarfatti**

Gareth Stevens
PUBLISHING

ANTÁRTIDA

Please visit our website, www.garethstevens.com. For a free color catalog of all our high-quality books, call toll free 1-800-542-2595 or fax 1-877-542-2596.

Cataloging-in-Publication Data
Names: Bluthenthal, Todd.
Title: Continentes de la Tierra / Todd Bluthenthal.
Description: New York : Gareth Stevens Publishing, 2018. | Series: ¿Dónde está...? Mapas del mundo | Includes index.
Identifiers: ISBN 9781538205143 (pbk.) | ISBN 9781538205099 (library bound) | ISBN 9781538204962 (6 pack)
Subjects: LCSH: Continents–Juvenile literature.
Classification: LCC G133.B58 2018 | DDC 551.41–dc23

Published in 2018 by
Gareth Stevens Publishing
111 East 14th Street, Suite 349
New York, NY 10003

Copyright © 2018 Gareth Stevens Publishing

Translator: Esther Sarfatti
Editorial Director, Spanish: Nathalie Beullens-Maoui
Designer: Samantha DeMartin
Editor, English: Joan Stoltman

Photo credits: Cover, p. 1 Maxger/Shutterstock.com; p. 5 Peter Hermes Furian/ Shutterstock.com; pp. 7, 9, 11, 13, 17, 19 (main) VanHart/Shutterstock.com; p. 7 (inset) RHG/Shutterstock.com; p. 9 (inset) CraigBurrows/Shutterstock.com; p. 11 (inset) ehrlif/Shutterstock.com; p. 13 (inset) Gustavo Frazao/Shutterstock.com; p. 15 (main) ixpert/Shutterstock.com; p. 15 (inset) Evgeny Kovalev spb/ Shutterstock.com; p. 17 (inset) Fokin Oleg/Shutterstock.com; p. 19 (inset) Visun Khankasem/Shutterstock.com; p. 21 (bottom right) Andrey Solovev/ Shutterstock.com; p. 21 (top right) Joseph Sohm/Shutterstock.com; p. 21 (top left) Tropical studio/Shutterstock.com; p. 21 (bottom left) Don Mammoser/Shutterstock.com.

Printed in the United States of America

CPSIA compliance information: Batch #CS17GS: For further information contact Gareth Stevens, New York, New York at 1-800-542-2595.

CONTENIDO

Las palabras en **negrita** aparecen en el glosario.

¿Qué es un continente?

Nuestro planeta tiene siete grandes extensiones de tierra llamadas continentes. Cada continente está formado por un gran pedazo de tierra y las islas que lo **rodean**. Menos de una tercera parte del planeta está cubierta de tierra. Eso significa que más de dos terceras partes están cubiertas de agua.

OCÉANO ÁRTICO

EUROPA

ASIA

AMÉRICA
DEL
NORTE

OCÉANO
ATLÁNTICO

OCÉANO
PACÍFICO

ÁFRICA

OCÉANO
PACÍFICO

AMÉRICA
DEL
SUR

OCÉANO ÍNDICO

OCEANÍA

OCÉANO ANTÁRTICO

ANTÁRTIDA

5

Asia

Asia es el continente más grande de la Tierra. ¡Abarca casi una tercera parte de toda la tierra del planeta! En Asia se encuentra el punto más alto del mundo, así como el más bajo en tierra firme. El monte Everest es el punto más alto. La costa del mar Muerto es el más bajo.

Asia

Monte Everest

África

África es el segundo continente más grande. En él se encuentran dos de los ríos más largos del mundo: el Nilo y el Congo. También tiene el desierto caliente más extenso del mundo: el Sahara. El desierto del Sahara cubre aproximadamente una cuarta parte de África.

África

El Sahara

9

América del Norte

América del Norte, o Norteamérica, es el tercer continente más extenso. La isla de Groenlandia forma parte de América del Norte. Es la mayor isla del mundo. El lago Superior también está en América del Norte. Es el lago de **agua dulce** más grande del mundo.

América del Norte

Lago Superior

11

América del Sur

América del Sur, o Sudamérica, es el cuarto continente más extenso. El río Amazonas, el más grande del mundo, se encuentra aquí. Este río está rodeado por la mayor **selva tropical** que existe: la selva amazónica. ¡En ella hay más de 16,000 tipos de árboles diferentes!

Selva amazónica

América del Sur

13

La Antártida

La Antártida es el quinto continente más grande. Está rodeado por el océano Antártico. Es el continente más frío y seco. Está cubierto casi completamente por desierto helado. ¡El Polo Sur se encuentra en la Antártida!

Polo Sur

Antártida

15

Europa

Europa es el segundo continente más pequeño. Los montes Urales lo **separan** de Asia. Estas montañas se encuentran en Rusia. ¡Rusia es un país tan grande que forma parte de ambos continentes!

Europa

Montes Urales

17

Oceanía

Oceanía (o el continente Australiano) es el continente más pequeño. Se encuentra en el **hemisferio** sur, que está al sur del **ecuador**. Esto significa que allí las estaciones son diferentes a las estaciones que nosotros conocemos. ¡En Oceanía es verano en enero e invierno en julio!

Australia en enero

Oceanía

¿Cuánta gente vive allí?

Asia tiene la **población** más numerosa de la Tierra, con más de 4 **billones** de personas. ¡Allí vive más de la mitad de la población total del mundo! La población de América del Norte es de unos 550 **millones**. La Antártida no tiene población, ¡sólo visitantes que la estudian!

Asia

América del Norte

América del Sur

Europa

21

GLOSARIO

agua dulce: agua que no está salada.

billón: mil millones, o 1,000,000,000.

ecuador: una línea imaginaria alrededor de la Tierra que está a la misma distancia del Polo Norte que del Polo Sur.

hemisferio: la mitad de la Tierra.

millón: mil millares, o 1,000,000.

población: el conjunto de personas que vive en un lugar.

rodear: estar alrededor de todos o de la mayor parte de los lados de algo.

selva tropical: una selva que recibe grandes cantidades de lluvia cada año.

separar: dividir en partes.

PARA MÁS INFORMACIÓN

LIBROS

Dell, Pamela. *Show Me the Continents: My First Picture Encyclopedia.* North Mankato, MN: Capstone Press, 2014.

Ganeri, Anita. *A Colorful Atlas for Kids.* Chicago, IL: Albert Whitman & Company, 2014.

Kalman, Bobbie. *Explore Earth's Seven Continents.* Nueva York, NY: Crabtree Publishing Co., 2011.

SITIOS DE INTERNET

Alrededor del mundo
timeforkids.com/around-the-world
¡Explora cada uno de los continentes, y aprende cosas divertidas de muchos países importantes!

Expedición global
teacher.scholastic.com/activities/globaltrek/
¡Viaja por todo el mundo sin levantarte de tu silla!

Continentes interactivos para niños
mrnussbaum.com/continents/
¡Haz clic en cada continente para aprender más sobre él!

Nota del editor a los educadores y padres: nuestro personal especializado ha revisado cuidadosamente estos sitios web para asegurarse de que son apropiados para los estudiantes. Sin embargo, muchos de ellos cambian con frecuencia, por lo que no podemos garantizar que contenidos que se suban a esas páginas posteriormente cumplan con nuestros estándares de calidad y valor educativo. Les recomendamos que hagan un seguimiento a los estudiantes cuando accedan a Internet.

ÍNDICE